SANANDO LA NIÑA INTERIOR Y RESTAURANDO LA MUJER EN CRISTO

*Renaciendo en identidad, propósito
Y libertad espiritual en Cristo*

EDNA L ISAAC

SANANDO LA NIÑA INTERIOR Y RESTAURANDO LA MUJER EN CRISTO

RENACIENDO EN IDENTIDAD, PROPÓSITO Y LIBERTAD EN CRISTO

EDNA L ISAAC

ÍNDICE

DEDICATORIA	1
Agradecimientos	3
PRÓLOGO	5
Bienvenida al Proceso, Bienvenida a Casa	
INTRODUCCIÓN	7
El llamado a sanar	
CAPÍTULO 1	11
La Herida Silenciosa: Cuando la Niña Interior Aprende a Sobrevivir	
CAPÍTULO 2	17
La Voz De La Niña: Cuando el alma empieza a hablar	
CAPÍTULO 3	23
Encuentro Con Cristo: El Perdón Que Libera Desde La Raíz	
CAPÍTULO 4	29
La Mujer Fragmentada: Pedazos que no se cómo unir	
CAPÍTULO 5	35
Restaurando A La Mujer En Cristo: Volver a nacer desde la verdad	
CAPÍTULO 6	43
Herramientas Para La Restauración	
CAPÍTULO 7	55
La Mujer Restaurada: Cómo vivir desde la sanidad	
CONCLUSIÓN	61
El viaje de la herida a la plenitud	
EPÍLOGO	65
UN LEGADO DE SANACIÓN	
ACERCA DE LA AUTORA	69
REFERENCIAS	73

Sanando la Niña Interior Y Restaurando La Mujer en Cristo

ISBN: 978-1-938432-60-6 (paperback)

ISBN: 978-1-938432-61-3 (Ebook)

Copyright © 2026 por Edna L Isaac

Todos los derechos reservados. Ninguna parte de este libro puede ser reproducida, almacenada o transmitida en ninguna forma ni por ningún medio —sea electrónico, mecánico, fotocopiado, grabado o de otro tipo— sin el permiso previo y por escrito del editor o del autor, excepto lo permitido por la ley de derechos de autor de los Estados Unidos.

Descargo de responsabilidad

JDN/EDUCATE Publishing es una plataforma de autopublicación que permite a los autores publicar sus obras sin necesidad de pasar por un proceso de selección editorial.

Los autores son responsables exclusivos del contenido de sus obras. JDN/EDUCATE no necesariamente comparte ni respalda las opiniones expresadas en este libro. No nos hacemos responsables de errores, omisiones o consecuencias derivadas de su lectura. Los lectores deben ser conscientes de que el contenido de este libro es responsabilidad exclusiva del autor.

Este libro fue escrito y diseñado con la ayuda de IA

Impreso en los Estados Unidos de América

DEDICATORIA

A Dios, mi Restaurador, mi Padre, mi Arquitecto eterno. Aquel que tomó mis pedazos, los unió con Su gloria y me enseñó que lo roto también puede brillar. A mis hijos, mi mayor tesoro en esta tierra.

Charaliz, Krystaliz, Angeliz y Nathiel. Ustedes son mi legado, mi inspiración y mi oración hecha vida. A cada mujer que aprendió a caminar con Cristo, a sanar con valentía y a levantarse con propósito.

A toda mujer que alguna vez se sintió rota, invisible o insuficiente: este libro es para ti. Para recordarte que tu historia no termina en el dolor, sino en la restauración.

AGRADECIMIENTOS

A Dios, por Su gracia inmerecida, Su amor inagotable y Su paciencia eterna. Este libro existe porque Tú me restauraste primero.

A mi familia, por su apoyo, sus oraciones y su amor constante. Gracias por caminar conmigo en cada temporada.

A mis hijos, por ser luz en mis días oscuros y fuerza en mis días débiles. Gracias por inspirarme a ser mejor cada día.

A mis mentores espirituales, que me enseñaron a escuchar la voz de Dios, a reconocer Su mano en mis grietas y a caminar con propósito.

A las mujeres que he tenido el privilegio de acompañar en su proceso, gracias por confiarme sus historias, sus lágrimas y sus victorias. Ustedes me enseñaron que la restauración es posible para todas.

A mis lectoras, gracias por abrir este libro, por abrir su corazón y por permitirme entrar en su historia. Mi oración es que cada página sea un toque de sanidad para tu alma.

PRÓLOGO

BIENVENIDA AL PROCESO, BIENVENIDA A CASA

Hay momentos en la vida en los que el alma, cansada de cargar silencios antiguos, comienza a clamar por un encuentro más profundo con la verdad. No la verdad que otros nos dijeron, ni la que aprendimos a repetir para sobrevivir, sino la verdad que Dios habló sobre nosotras desde el principio. Esa verdad que sana, restaura y libera. Este libro nace precisamente desde ese clamor. A lo largo de los años, he acompañado a mujeres que, aun siendo fuertes, capaces y espirituales, llevaban dentro de sí a una niña herida que nunca había sido escuchada. Una niña que aprendió a esconder su dolor detrás de responsabilidades, ministerios, títulos, sonrisas o silencios. Una niña que, sin quererlo, seguía influyendo en la mujer adulta: en sus relaciones, en su identidad, en su fe y en su capacidad de recibir amor.

Sanar a esa niña interior no es un proceso sencillo, pero sí es un proceso posible cuando se hace de la mano de Cristo. Él no solo revela las heridas; Él mismo se convierte en el lugar seguro donde podemos llorar, recordar, soltar y renacer. Su amor no expone para avergonzar, sino para restaurar. No confronta para herir, sino para liberar. Este libro es una invitación a ese viaje sagrado. Cada página ha sido escrita con la intención de guiarte a un encuentro honesto contigo misma y, sobre todo, con el Dios que te conoce profundamente. Aquí encontrarás herramientas, reflexiones y verdades espirituales que te ayudarán a comprender tu historia, abrazar tu identidad y caminar hacia la plenitud que siempre estuvo destinada para ti. Mi oración es que, mientras lees, el Espíritu Santo te acompañe con ternura y firmeza. Que te muestre lo que necesitas ver, que sane lo que aún duele y que restaure lo que parecía perdido. Que la niña que fuiste encuentre finalmente descanso, y que la mujer que eres se levante con identidad, propósito y libertad espiritual. Este no es solo un libro. Es un encuentro. Es un renacer.

Bienvenida al proceso. Bienvenida a casa.

INTRODUCCIÓN
EL LLAMADO A SANAR

Hay heridas que no sangran, pero duelen. Hay memorias que no se hablan, pero gritan. Hay niñas interiores que crecieron en silencio, cargando pesos que nunca les correspondían. Y hay mujeres adultas que, sin darse cuenta, siguen viviendo desde ese dolor antiguo.

Este libro nace de ese lugar. De ese espacio profundo donde la niña interior pide ser reconocida, confrontada y sanada... y donde la mujer adulta clama por ser abrazada, fortalecida y restaurada.

Por años, yo también caminé con una niña interior herida. Una niña que aprendió a sobrevivir, a callar, a adaptarse, a esconder su dolor detrás de una sonrisa. Y aunque crecí, serví, lideré y avancé... había partes de mí que seguían esperando ser sanadas.

No puedes restaurar a la mujer sin primero sanar a la niña.
Pero tampoco puedes quedarte atrapada en ella.

Este libro no es un llamado a quedarte abrazando a tu niña interior. Es un llamado a **confrontarla**, a **escuchar lo que aún duele**, a **sanarla con Cristo**... y luego **dejarla ir**, para que puedas abrazar plenamente a la mujer adulta que Dios diseñó desde el principio.

Porque mientras sigas justificando tus reacciones desde la niña herida, mientras sigas viviendo desde lo que te detuvo, mientras sigas buscando consuelo sin confrontación... seguirás repitiendo patrones, caminando en círculos y viviendo desde la herida en vez de desde la verdad.

Este libro es un viaje. Un viaje hacia adentro, para reconocer lo que aún duele. Un viaje hacia atrás, para entender dónde quedaste atrapada. Un viaje hacia arriba, para permitir que Cristo te levante desde la raíz.

Es un viaje donde:

- la niña interior encuentra voz
- la mujer encuentra identidad
- y Cristo encuentra espacio para restaurar lo que la vida quebró

Pero no es un viaje para quedarte en la infancia emocional. Es un viaje para **salir de ella**. Para **renacer**. Para **caminar como mujer restaurada**. Para vivir desde la plenitud, no desde la carencia. Desde la verdad, no desde el trauma. Desde la identidad, no desde el miedo.

Mi propósito como autora

No escribo desde la teoría. Escribo desde la herida que

fue sanada. Desde el proceso que viví. Desde las lágrimas que derramé. Desde los encuentros con Dios que me levantaron cuando pensé que no podía más.

Mi propósito no es contarte mi historia para que admires mi fortaleza, sino para que reconozcas la tuya. No es mostrarte mis cicatrices para que sientas lástima, sino para que veas que tú también puedes sanar. No es enseñarte un método, sino presentarte al Dios que me restauró.

La necesidad espiritual de restauración femenina

Vivimos en una generación de mujeres fuertes... pero cansadas. Capaces... pero heridas. Responsables... pero fragmentadas. Líderes... pero vacías por dentro.

Mujeres que aman a Dios, pero no siempre saben cómo amarse a sí mismas. Mujeres que oran, pero no siempre escuchan su propia alma. Mujeres que sirven, pero no siempre sanan.

La restauración femenina es urgente. No porque seamos débiles, sino porque hemos cargado demasiado. No porque no podamos, sino porque no debemos hacerlo solas. No porque estemos rotas, sino porque Cristo quiere completarnos.

Este libro es una invitación a detenerte. A respirar. A mirar hacia adentro. A escuchar a esa niña que aún vive en ti... pero también a **abrazar a la mujer adulta que Dios está levantando en ti.**

Un viaje que transformará tu vida

A lo largo de estas páginas, caminarás por:

- la herida silenciosa
- la voz de la niña interior
- el encuentro con Cristo
- la fragmentación de la adulta
- la restauración de tu identidad
- las herramientas que sostienen tu sanidad
- la revelación de la mujer restaurada que estás llamada a ser

Este no es un libro para leer rápido. Es un libro para leer con el alma. Para llorarlo, orarlo, escribirlo, vivirlo.

Mi oración es que, mientras avanzas, sientas la mano de Dios guiándote, sanándote y recordándote que nunca estuviste sola.

Porque si estás leyendo estas palabras, es porque Dios te está llamando. Te está invitando. Te está preparando.

Este es tu tiempo.
Este es tu proceso.
Este es tu renacer.

Bienvenida al viaje de sanar a la niña interior... y **abrazar a la mujer adulta restaurada en Cristo.**

CAPÍTULO 1

LA HERIDA SILENCIOSA: CUANDO LA NIÑA INTERIOR APRENDE A SOBREVIVIR

Hay heridas que no hacen ruido. Heridas que no dejan marcas visibles, pero que moldean la forma en que una niña aprende a ver el mundo, a relacionarse, a protegerse y, muchas veces, a esconderse detrás de una versión de sí misma que no refleja su verdadera identidad.

La herida silenciosa es esa que se forma en la infancia cuando el amor no llega como debería, cuando la seguridad se quiebra, cuando la inocencia se enfrenta a realidades demasiado grandes para un corazón pequeño. Es la herida que se guarda en el alma, la que se aprende a callar, la que se normaliza sin entender que está dejando grietas profundas.

MI PROPIA HERIDA SILENCIOSA

Desde muy pequeña aprendí a vivir con miedo. No era un miedo visible, porque desde niña descubrí que mostrar fragilidad podía convertirse en una puerta abierta para que otros me hirieran. Así que, mientras por dentro temblaba, por fuera me convertí en la niña "guapa", la que no le tenía miedo a nadie, la que respondía, la que se defendía, la que no permitía abusos. Lo que nadie sabía era que esa valentía era, en realidad, un escudo construido sobre inseguridades profundas.

Mi padre era alcohólico y muchas veces abusador con mi madre. Ese ambiente marcó mi infancia. Ver a mi mamá sufrir, ver cómo el alcohol transformaba a mi papá, me hizo desarrollar una rebeldía interna: *yo no iba a permitir que nadie me tratara así*. Pero esa rebeldía no sanaba mis temores; solo los escondía.

Cuando tenía nueve años, mis padres se divorciaron. Desde entonces, mi papá se volvió un padre ausente, un hombre que estaba y no estaba, que aparecía y desaparecía. Y aunque su ausencia dolía, también dolía la presencia emocionalmente distante de mi mamá. Ella era una mujer buena, un verdadero pan de Dios, pero no sabía expresar cariño. No porque no quisiera, sino porque nunca lo recibió de sus propios padres. El ciclo se repetía sin que nadie lo nombrara.

A esa mezcla de dolor, silencio y confusión se sumó otro factor: las amistades que comencé a tener en la escuela. En lugar de rodearme de personas que me afirmaran o me ayudaran a sanar, me uní a grupos que solo alimentaban mi rebeldía. Comencé a cortar clases, a envolverme en peleas, a desafiar la autoridad sin medir consecuencias. Y como si eso no fuera suficiente, empecé a salir a discotecas usando la identificación de mi hermana mayor, porque éramos idénticas. Nadie sospechaba. Nadie imaginaba que detrás de esa "valentía" había una niña herida buscando escapar de su realidad.

Sin darme cuenta, me dirigía a un rumbo de destrucción. Cada decisión impulsiva, cada acto de rebeldía, cada noche fuera de casa era un paso más hacia un destino que no tenía nada que ver con el propósito de Dios para mi vida. Pero aun en mi desorden, aun en mi confusión, aun en mi rebeldía, Dios tuvo misericordia de mí.

Aquella semilla que se había sembrado en mi corazón en la Escuela Bíblica —a donde mi madre nos enviaba todos los domingos— no murió. Aunque parecía dormida, aunque yo misma la había cubierto con capas de dolor, enojo y rebeldía, esa semilla estaba viva. Y en el momento preciso, germinó. Dio fruto. Y comenzó a transformar mi vida desde adentro hacia afuera.

Así crecí: con un padre ausente, una madre emocionalmente fría, amistades que me empujaban al vacío, y una niña interior que aprendió a sobrevivir sin sentirse realmente vista, abrazada o afirmada. Por fuera, yo era fuerte. Por dentro, era una niña insegura, temerosa, confundida, que deseaba amor pero no sabía cómo pedirlo.

Esa niña interior —la que aprendió a protegerse, a endurecerse, a aparentar valentía— siguió viviendo dentro de mí por muchos años. Y aunque la adulta que soy ha logrado mucho, todavía puedo reconocer los ecos de aquella niña que solo necesitaba sentirse segura, amada y sostenida.

Este libro nace también de ella. De su voz. De su historia. De su necesidad de ser sanada por Cristo.

CUANDO DIOS ENTRA EN LA HERIDA

La herida silenciosa no se sana con fuerza humana. No se sana ignorándola, ni escondiéndola, ni pretendiendo que no existe. La herida silenciosa solo comienza a sanar cuando la llevamos a la luz. Y no a cualquier luz, sino a la luz de Cristo.

Porque Él no solo ve la herida: **Él ve a la niña.** Él ve lo que ella vivió, lo que sintió, lo que calló. Él ve la máscara que la adulta aprendió a usar. Él ve el dolor que se escondió detrás de la rebeldía. Él ve la inseguridad que se disfrazó de valentía.

Y aun así, Él dice: "**Yo puedo restaurarte desde la raíz.**"

La sanidad interior no es un proceso psicológico solamente; es un proceso espiritual. Es permitir que Dios entre a los lugares donde nadie más ha entrado. Es dejar que Su amor toque lo que ha estado adormecido, reprimido o endurecido. Es reconocer que la niña interior no necesita ser ignorada, sino abrazada por Aquel que la creó.

EJERCICIOS, REFLEXIONES Y PREGUNTAS PARA LA LECTORA

1. **Reconociendo la herida**

Toma un momento para escribir en tu cuaderno:

- ¿Qué heridas de tu infancia aún sientes que te afectan hoy?
- ¿Qué emociones aprendiste a esconder?
- ¿Qué máscaras usaste para sobrevivir?

No te juzgues. Solo observa.

2. La niña interior habla

Cierra los ojos y pregúntate:

- ¿Qué necesitaba la niña que fui?
- ¿Qué palabras hubiera querido escuchar?
- ¿Qué abrazo nunca llegó?

Escribe una carta breve desde la perspectiva de esa niña.

3. Identificando patrones

Reflexiona:

- ¿Qué comportamientos de tu adultez nacen de heridas no sanadas?
- ¿Qué relaciones, decisiones o reacciones vienen de esa niña interior?

Sé honesta contigo misma. La verdad trae libertad.

4. Mirando a Cristo

Medita en esta frase:

"Jesús no solo quiere sanar tu pasado; quiere restaurar tu identidad."

Pregúntate:

- ¿Qué parte de mi historia necesito entregar a Cristo hoy?
- ¿Qué área de mi corazón necesita Su luz?
- ¿Qué me impide creer que Él puede restaurarme desde la raíz?

5. Oración sugerida

"Señor, muéstrame a la niña que fui y sana las heridas que aún cargo. Entra en los lugares donde he tenido miedo de mirar. Restaura mi identidad, mi corazón y mi historia. Amén."

CAPÍTULO 2

LA VOZ DE LA NIÑA: CUANDO EL ALMA EMPIEZA A HABLAR

Hay un momento en el proceso de sanidad en el que la mujer adulta debe detenerse, respirar y escuchar. No escuchar el ruido externo, ni las expectativas de otros, ni las voces que la vida ha ido acumulando... sino escuchar algo mucho más profundo: **la voz de la niña que aún vive dentro de ella.** Esa niña no desapareció. No se perdió. No murió. Simplemente aprendió a esconderse. Aprendió a callar para sobrevivir. Aprendió a ser fuerte para no ser herida. Aprendió a adaptarse para ser aceptada. Aprendió a endurecerse para no quebrarse. Pero su voz sigue ahí. A veces suave. A veces temblorosa. A veces confundida. A veces clamando por atención. La sanidad comienza cuando la adulta se atreve a escucharla. ¿Qué dice la niña interior? La niña interior no habla con palabras elaboradas. Habla con emociones. Con reacciones. Con silencios. Con miedos. Con impulsos. Con patrones que se repiten una y otra vez.

Habla cuando: Te sientes rechazada con facilidad. Te cuesta confiar. Te da miedo perder a alguien. Te molesta que te ignoren. Te duele sentirte sola. Te cuesta poner límites. Te sientes responsable de todo. Te cuesta recibir amor. Te sientes insuficiente aunque logres mucho. La niña interior habla a través de lo que la adulta siente hoy.

Y aunque muchas mujeres piensan que "ya superaron" su infancia, la verdad es que **lo que no se sana, se repite**. No como castigo, sino como un llamado del alma: *"Mírame. Escúchame. Atiéndeme. Aquí sigo."*

CUANDO LA NIÑA INTERIOR ESTÁ HERIDA

Una niña interior herida puede manifestarse de muchas maneras:

- **La niña temerosa**
    - La que aprendió a caminar con cuidado, esperando el próximo golpe emocional.
- **La niña complaciente**
    - La que hace todo para no perder amor, incluso a costa de sí misma.
- **La niña rebelde**
    - La que aprendió a defenderse atacando, porque nadie la defendió.
- **La niña invisible**
    - La que se acostumbró a no ser vista, a no molestar, a no pedir.
- **La niña autosuficiente**
    - La que se convenció de que no necesita a nadie, porque depender dolía.

Cada una de estas niñas vive dentro de una mujer adulta

que lucha, trabaja, sirve, ama… pero que a veces no entiende por qué ciertas emociones la desbordan o por qué ciertos patrones se repiten.

LA VOZ QUE CRISTO QUIERE SANAR

Jesús no solo vino a salvar tu alma; vino a restaurar tu historia. Él no solo mira a la mujer adulta que eres hoy; Él mira a la niña que fuiste.

La niña que lloró en silencio. La niña que tuvo miedo. La niña que se sintió sola. La niña que no recibió el amor que necesitaba. La niña que aprendió a sobrevivir como pudo.

> Y Él dice: *"Dejad a los niños venir a mí."* (Marcos 10:14)

Ese versículo no es solo para los niños de hoy. También es para la niña que tú fuiste, la que aún vive dentro de ti, la que necesita ser llevada a los brazos de Cristo para que tú puedas **abrazar a la mujer adulta que Dios ya tenía en mente para ti desde el principio.**

EJERCICIOS Y REFLEXIONES PARA LA LECTORA

Confrontando a la niña interior para dar paso a la mujer restaurada

1. **Escucha interna con propósito de confrontación**

Busca un lugar tranquilo. Respira profundo. Esta vez no solo escuches: **discierne.**

Pregúntate:

- ¿Qué siento cuando pienso en mi infancia... y por qué sigo reaccionando como aquella niña?
- ¿Qué emociones aparecen sin que las invite... y qué verdad de Dios las confronta?
- ¿Qué parte de mí aún se siente pequeña, insegura o sola... y qué parte de mí ya sabe que no tiene por qué quedarse ahí?

Escribe lo que surja, pero añade una segunda columna: **¿Qué necesita esta niña para que yo pueda avanzar como mujer?**

Este ejercicio no es para quedarte en la emoción, sino para **identificar lo que debe ser sanado y superado.**

2. Identifica a tu niña interior... y decide no vivir desde ella

Elige cuál de estas niñas se parece más a ti:

- Temerosa
- Complaciente
- Rebelde
- Invisible
- Autosuficiente

Ahora responde:

- ¿Cómo esta niña ha influido en mis decisiones como adulta?

- ¿Qué comportamientos actuales provienen de ella y ya no me representan?
- ¿Qué verdad de Dios confronta la mentira que esa niña aprendió?

Este ejercicio no es para justificar tu conducta, sino para **reconocer qué versión infantil debe ser transformada para que la mujer restaurada pueda surgir.**

3. Carta de cierre y transición

Ya no es una carta solo para reconocerla. Es una carta para **cerrar un ciclo.**

Escribe una carta breve a tu niña interior:

- Llámala por su nombre
- Dile que la ves y la escuchas
- Reconoce su dolor, pero también su límite
- Agradécele lo que hizo para sobrevivir
- Dile que ya no necesita protegerte
- Dile que ahora **tú**, como mujer adulta en Cristo, tomarás el control
- Entrégala a Jesús para que Él la sane completamente

Termina la carta con una declaración firme:
"Hoy dejo de vivir desde la niña herida. Hoy camino como la mujer restaurada que Cristo formó en mí."

Este ejercicio no abre solo puertas de sanidad: **abre la puerta de salida de la infancia emocional.**

4. Oración guiada para la transición

"Señor Jesús, muéstrame con claridad quién es la niña interior que aún habla dentro de mí. Dame valentía para confrontar sus heridas y sabiduría para no vivir desde ellas. Sana lo que ella no pudo sanar. Restaura lo que ella no entendió. Y llévame a caminar como la mujer que Tú diseñaste: firme, madura, completa y libre. Hoy entrego mi niña interior a Tu cuidado, y recibo mi identidad como mujer restaurada en Cristo. Amén."

Cuando la mujer adulta confronta a su niña interior, algo poderoso sucede: **la niña deja de dirigir la vida, y la mujer restaurada toma su lugar.**

Este capítulo te prepara para ese encuentro profundo con Cristo, donde Él no solo te lleva a confrontar a la niña... **sino que levanta a la mujer.**

El próximo capítulo te llevará a ese encuentro. A ese momento donde la niña herida y la mujer adulta se encuentran con el amor que nunca falla.

CAPÍTULO 3

ENCUENTRO CON CRISTO: EL PERDÓN QUE LIBERA DESDE LA RAÍZ

Veamos cómo Dios toca la herida más profunda y la convierte en propósito. El perdón no siempre comienza como un acto voluntario. A veces comienza como un peso. Un peso heredado, aprendido, absorbido desde la infancia. Un peso que se convierte en un muro entre nosotras y Dios. Un peso que nos impide avanzar, crecer, servir y experimentar la libertad que Cristo ya ganó para nosotras. Yo cargué ese peso por años sin saberlo. Aunque mi padre nunca me maltrató directamente, todo lo que vi, escuché y viví durante mi niñez dejó marcas profundas en mi corazón. Lo vi golpear a mi madre. Lo vi destruir nuestro hogar. Lo vi tener amantes. Lo vi romper a la mujer que me dio la vida. Y aunque yo era solo una niña, absorbí el dolor, la confusión y la rabia que se respiraba en mi casa. Y como si eso fuera poco, crecí escuchando a ciertos miembros de la familia hablar de él con odio. Ese odio se convirtió en un lenguaje cotidiano, en una atmósfera emocional, en una herencia silenciosa. Sin darme cuenta, lo abracé. Lo hice mío. Lo cargué como si fuera parte de mi identidad. No sabía por qué lo odiaba. Solo sabía que lo hacía.

MI LUCHA ESPIRITUAL: EL TOPE QUE NO PODÍA CRUZAR

Cuando llegué a los pies de Cristo, pensé que todo cambiaría de inmediato. Pero no fue así. Mi vida cristiana era inestable. Servía por unos meses, luego me apartaba. Volvía, y otra vez me alejaba. Era como si hubiera un límite invisible que no podía cruzar. Un bloqueo espiritual que me detenía justo cuando quería avanzar.

Hasta que un día, cansada de mi propia inconstancia, levanté mis manos al cielo y grité:

> *"Señor, te amo... pero no te puedo servir. No quiero ser hipócrita. Necesito saber qué me pasa. ¿Por qué siento que llego a un tope y de ahí no puedo pasar?"*

Y Dios, con esa voz suave que atraviesa el alma, me respondió:

> *"Tienes que perdonar a tu padre."*

Esa frase me quebró. Me confrontó. Me reveló algo que nunca había visto: **Mi relación disfuncional con mi padre terrenal estaba afectando mi relación con mi Padre Celestial.**

EL DÍA QUE PERDONÉ: CUANDO EL CIELO TOCÓ MI ALMA

Perdonar no fue fácil. No fue instantáneo. No fue emocional. Fue una decisión espiritual.

Pero cuando finalmente lo hice... cuando solté... cuando entregué... cuando dejé de justificar mi dolor... cuando dejé de aferrarme a la rabia heredada...

Sentí como si **setecientas libras** se cayeran de mis espaldas.

Me sentí liviana. Libre. Nueva.

Y en ese mismo instante, algo sobrenatural ocurrió dentro de mí: nació un amor profundo por mi padre. Un amor que nunca había sentido. Un amor que no venía de mí, sino de Dios.

Dios me mostró algo que cambió mi perspectiva para siempre:

"Si tú hubieras vivido lo que él vivió, a lo mejor hubieras hecho cosas peores."

Por primera vez entendí que nadie puede dar lo que nunca recibió.

Mi padre también fue un niño herido. Un niño que huyó de su casa para salvar su vida. Un niño golpeado, abusado, perseguido por su propio padre. Un niño que creció sin amor, sin guía, sin seguridad.

El ciclo se repitió en él... porque nadie lo interrumpió. Hasta que Cristo me pidió que lo hiciera.

Ese día lloré por mi padre por primera vez. Lloré con

compasión, no con rabia. Lloré entendiendo que él también fue víctima antes de ser agresor.

Ese día oré por él. Ese día lo solté. Ese día lo amé. Ese día Dios cerró un capítulo de amargura que había marcado mi vida por años.

No solamente perdone a mi padre, sino a todas aquellas personas que de alguna manera me hicieron daño o me marcaron negativamente.

LA HISTORIA DE JOSÉ: UN ESPEJO ESPIRITUAL

Mi proceso de perdón me llevó a ver mi historia reflejada en la vida de José.

José también fue traicionado por quienes debían amarlo. Fue vendido, rechazado, arrancado de su hogar. Fue herido por su propia sangre.

Pero Dios estaba con él. Pasó por prisiones, injusticias y silencios largos. Pero cada etapa lo formó. Cada dolor lo preparó. Cada lágrima lo acercó más a su propósito. Cuando sus hermanos regresaron años después, José tenía el poder de vengarse. Pero eligió perdonar.

Les dijo:

> *"Vosotros pensasteis mal contra mí, más Dios lo encaminó a bien."* (Génesis 50:20)

José entendió algo que solo el perdón revela:

> *Lo que otros hicieron para destruirte, Dios puede usarlo para levantarte.*

El perdón no solo liberó a sus hermanos. Liberó su corazón. Liberó su propósito. Liberó su historia. José no justificó lo que le hicieron. Pero eligió no vivir atado a ello.

EL PERDÓN QUE PRESERVA VIDAS

El perdón:

- Rompe cadenas generacionales
- Sana la niña interior
- Restaura la identidad
- Abre puertas espirituales
- Libera el propósito
- Te reconcilia con Dios
- Te devuelve la paz
- Te permite avanzar

El perdón no es para quien te hirió. **El perdón es para ti.**

REFLEXIÓN

El perdón no es olvidar. No es justificar. No es minimizar. No es negar el dolor.

El perdón es libertad. Es sanidad. Es obediencia. Es madurez espiritual. Es romper el ciclo. Es permitir que Dios entre donde tú no puedes entrar.

EJERCICIOS ESPIRITUALES

1. **Pregunta honesta:** ¿A quién necesito perdonar? ¿Qué peso

llevo que no me pertenece? ¿Qué emociones heredé sin darme cuenta?

2. Carta de liberación: Escribe lo que te dolió. Escribe lo que cargas. Escribe lo que sueltas. Escribe que perdonas.

3. Oración de entrega

"Señor, dame la valentía de perdonar. Sana mi corazón, rompe las cadenas que me atan al pasado y muéstrame cómo ver mi historia con tus ojos."

4. Declaración espiritual

"Lo que otros hicieron para dañarme, Dios lo usará para levantarme."

CAPÍTULO 4

LA MUJER FRAGMENTADA: PEDAZOS QUE NO SE CÓMO UNIR

Hay mujeres que caminan con una sonrisa, pero por dentro están rotas. Hay mujeres que sirven, trabajan, cuidan, lideran... pero sienten que algo dentro de ellas no está completo. Hay mujeres que aman profundamente, pero no saben cómo recibir amor. Hay mujeres fuertes, valientes, capaces... pero emocionalmente agotadas. A esas mujeres la Biblia las describe con una palabra profunda: **quebrantadas**. Pero en el lenguaje de la sanidad interior, las llamamos: **mujeres fragmentadas**.

Una mujer fragmentada no es débil. No es mala. No es incapaz. No es insuficiente. Una mujer fragmentada es simplemente una mujer que aprendió a sobrevivir dividiéndose en partes.

¿QUÉ ES UNA MUJER FRAGMENTADA?

Una mujer fragmentada es aquella que:

- Piensa una cosa
- Siente otra
- Hace otra
- Y dice otra

No porque sea falsa, sino porque está tratando de protegerse. Es la mujer que aprendió a dividir su alma en compartimentos para poder seguir adelante:

- La parte que sonríe
- La parte que llora en silencio
- La parte que cuida a todos
- La parte que nadie cuida
- La parte que ora
- La parte que duda
- La parte que ama
- La parte que teme
- La parte que perdona
- La parte que aún guarda dolor

La fragmentación es un mecanismo de supervivencia. Pero no es un mecanismo de sanidad.

CÓMO SE FORMA UNA MUJER FRAGMENTADA

La fragmentación no aparece de un día para otro. Se forma

lentamente, a través de experiencias que la niña interior no pudo procesar:

1. **Cuando la niña no fue escuchada**
   - Aprende a callar.
2. **Cuando la niña no fue protegida**
   - Aprende a defenderse sola.
3. **Cuando la niña no fue afirmada**
   - Aprende a buscar aprobación.
4. **Cuando la niña fue traicionada**
   - Aprende a desconfiar.
5. **Cuando la niña fue rechazada**
   - Aprende a esconderse.
6. **Cuando la niña fue herida**
   - Aprende a endurecerse.

La mujer adulta sigue viviendo desde esas partes rotas, aunque no lo note.

Mi propia fragmentación

- Yo también fui una mujer fragmentada.
- Por fuera, fuerte. Por dentro, temblando.
- Por fuera, valiente. Por dentro, insegura.
- Por fuera, decidida. Por dentro, confundida.
- Por fuera, la que no le tenía miedo a nadie. Por dentro, la niña que había visto demasiado dolor.

La rebeldía que me protegía era solo una capa. La "guapa" que todos veían era solo una máscara. La fuerza que mostraba era solo un mecanismo de defensa.

La niña interior herida se convirtió en una adulta dividida entre:

- lo que quería sentir
- lo que debía sentir
- lo que realmente sentía

Y esa división me llevó a relaciones rotas, decisiones impulsivas, amistades dañinas, y una vida espiritual inestable.

Hasta que Cristo comenzó a unir mis pedazos.

LA MUJER FRAGMENTADA Y SU RELACIÓN CON DIOS

Una mujer fragmentada ama a Dios... pero no sabe cómo acercarse a Él sin miedo. Ora... pero siente que algo la bloquea. Sirve... pero siente que no avanza. Cree... pero no confía del todo. Busca... pero no se entrega por completo.

¿Por qué? Porque la relación con Dios se filtra a través de las heridas del alma.

Si tu padre terrenal fue ausente, abusivo o emocionalmente frío, tu corazón puede creer que Dios es igual. Si tu infancia estuvo llena de caos, puedes creer que Dios también es impredecible. Si creciste sintiéndote sola, puedes creer que Dios no te escucha.

La fragmentación afecta la fe.
La fe afecta la identidad.
La identidad afecta la vida.

Por eso Cristo no solo quiere salvarte. **Quiere restaurarte. Cristo: el que une lo que está roto.** Jesús no vino solo a sanar cuerpos. Vino a sanar almas. Vino a restaurar corazones. Vino a unir lo que la vida fragmentó. Él dijo:

> *"El Espíritu del Señor está sobre mí... para sanar a los quebrantados de corazón."* (Lucas 4:18)

Él no solo ve tus pedazos. Él sabe dónde van. Él sabe cómo unirlos. Él sabe cómo restaurarte desde la raíz.

Cristo no te pide que te unas sola. Él te pide que te entregues para que Él te una.

SEÑALES DE UNA MUJER FRAGMENTADA

- Te cuesta confiar
- Te cuesta recibir amor
- Te cuesta poner límites
- Te sientes responsable de todo
- Te sientes insuficiente, aunque logres mucho
- Te sientes dividida entre lo que sientes y lo que muestras
- Te cuesta descansar emocionalmente
- Te cuesta soltar el control
- Te cuesta perdonar
- Te cuesta creer que Dios te ama de verdad

Si te identificas con varias de estas señales, no estás sola. Estás en el lugar perfecto para comenzar tu restauración.

EJERCICIOS Y REFLEXIONES

1. **Identifica tus pedazos:** Escribe:

   - ¿Qué partes de mí están en conflicto?
   - ¿Qué emociones escondo?
   - ¿Qué áreas de mi vida se sienten "divididas"?

2. **Reconoce tu máscara:** ¿Cuál es tu "versión pública"?

   - La fuerte
   - La complaciente
   - La autosuficiente
   - La espiritual que no muestra dolor
   - La que siempre está bien

   ¿Por qué la necesitas?

3. **Pregunta espiritual:** "Señor, ¿qué parte de mí necesita tu sanidad hoy?" Escribe lo primero que venga a tu corazón.

4. **Oración de restauración**

   "Jesús, une mis pedazos. Sana mi corazón fragmentado. Restaura lo que la vida quebró. Hazme una mujer completa en Ti."

5. **Declaración**

   "No estoy rota. Estoy siendo restaurada."

CAPÍTULO 5
RESTAURANDO A LA MUJER EN CRISTO: VOLVER A NACER DESDE LA VERDAD

La restauración no comienza cuando la mujer cambia su conducta. La restauración comienza cuando la mujer cambia su **identidad**. Muchas mujeres intentan sanar desde afuera hacia adentro: cambian hábitos, relaciones, rutinas, palabras... pero siguen sintiéndose vacías, inseguras o divididas. Cristo trabaja al revés. Él sana desde adentro hacia afuera. Él no empieza por la conducta. Él empieza por el corazón. Él empieza por la raíz. Porque la mujer que fuiste no determina la mujer que puedes llegar a ser. La niña que sufrió no limita a la adulta que Dios quiere levantar. La historia que viviste no define la historia que Dios quiere escribir. ¿Qué significa restaurar a la adulta? Restaurar a la adulta en Cristo significa:

- sanar la raíz emocional
- romper patrones aprendidos

- abrazar una nueva identidad
- permitir que Cristo reescriba tu historia
- vivir desde la plenitud y no desde la herida
- actuar desde la verdad y no desde el trauma
- caminar desde la libertad y no desde el miedo

La restauración no es un evento. Es un proceso. Un viaje. Un renacer.

LA ADULTA QUE SE FORMÓ SIN CRISTO

Antes de Cristo, la adulta se formó desde:

- la herida
- la carencia
- la inseguridad
- la necesidad de aprobación
- la rebeldía
- el miedo
- la soledad
- la supervivencia

Esa adulta aprendió a:

- protegerse
- endurecerse
- desconfiar
- complacer
- controlar
- huir
- aparentar fuerza

- esconder vulnerabilidad

Pero esa versión de ti no es tu identidad. Es tu mecanismo de defensa.

Cristo no vino a fortalecer tu mecanismo. Cristo vino a sanar tu raíz.

LA ADULTA QUE CRISTO QUIERE RESTAURAR

Cuando Cristo entra en la historia de una mujer, Él comienza a reconstruirla desde su diseño original:

- una mujer segura
- una mujer amada
- una mujer completa
- una mujer libre
- una mujer estable
- una mujer emocionalmente sana
- una mujer espiritual y emocionalmente madura
- una mujer que sabe quién es en Dios

Cristo no solo quiere sanar tu pasado. Cristo quiere restaurar tu presente y redimir tu futuro.

MI PROPIO PROCESO DE RESTAURACIÓN

Después de perdonar a mi padre, algo profundo comenzó a cambiar en mí. Era como si Dios hubiera abierto una puerta que había estado cerrada por años. Una puerta hacia mi verdadera identidad.

La niña interior ya no estaba sola. La mujer adulta ya no

estaba dividida. Cristo comenzó a unir mis pedazos con amor, verdad y propósito.

Pero, aun así, quedaban fragmentos que necesitaban ser restaurados. Fragmentos que solo se revelan cuando una mujer comienza a servir.

CUANDO EL LIDERAZGO REVELA LO QUE AÚN FALTA SANAR

En ese tiempo servía como **Presidenta de Damas a nivel de circuito**, y había coordinado una actividad especial. La predicadora invitada no parecía estar muy bien espiritualmente, y aunque la actividad terminó, dentro de mí quedó un sentimiento horrible de derrota.

El enemigo aprovechó ese momento de vulnerabilidad para susurrarme mentiras: "**No eres una líder efectiva.**" "**No sirves para esto.**" "**Renuncia.**" Y por un instante, le creí. Al día siguiente ya había decidido llamar a la presidenta de Nueva York para renunciar. Estaba convencida de que ese no era mi fuerte.

Pero había un detalle: yo me había comprometido con Dios a estar ese día en ayuno y oración. Y como soy una mujer de palabra, me levanté a buscar Su rostro, aunque mi alma estaba abatida.

Esa madrugada cambió mi vida para siempre.

LA VISIÓN QUE SELLÓ MI LLAMADO

Mientras oraba, los cielos se abrieron.

Vi un personaje sentado en un trono. Majestuoso. Imponente. Santo. Su presencia llenaba todo.

Y de pronto, me encontré en un estadio inmenso. Una multitud tan grande que parecía como la arena del mar. Miles y miles de personas. Una unción tan especial que el aire mismo vibraba.

Y allí, en esa plataforma, estaba yo. Ministrando. Predicando. Sirviendo bajo una unción que no era mía, sino de Él.

Entonces vi Su mano extenderse desde el cielo hacia mí. Una mano llena de luz, poder y propósito.

De esa mano salían miles de voltios de rayos electrificantes, corrientes de gloria pura que descendían directamente sobre mí. Cada rayo me atravesaba el alma. Cada descarga rompía cadenas. Cada toque afirmaba mi identidad.

Y entonces, Él me señaló y me habló.

Su voz era como estruendo de muchas aguas, pero al mismo tiempo la voz más dulce que he escuchado en mi vida. Más dulce que la miel. Más suave que el viento. Más tierna que cualquier abrazo humano.

Una voz que irradiaba:

- paz
- dulzura
- amor
- ternura
- suavidad
- eternidad

Y con esa voz inigualable, Él me dijo:

"Yo soy quien te escojo. Yo soy quien te preparo.

Yo soy quien te envío. Retén lo que tienes para que ninguno tome tu corona."

Cada palabra entró en mi espíritu como fuego. Como vida. Como verdad absoluta. Ese día entendí que mi llamado no venía de hombres. Venía del cielo. Desde ese momento, jamás volví a dudar de mi liderazgo. Jamás volví a creerle a la voz del enemigo. Jamás volví a verme como la niña herida o la mujer fragmentada. **Ese día nací de nuevo en mi identidad como líder.** Después de ese encuentro, mi vida jamás fue la misma.

EJERCICIOS Y REFLEXIONES

1. **Identidad en Cristo**: Escribe tres mentiras que creíste sobre ti. Luego escribe la verdad que Cristo dice sobre ti.

2. **La adulta que quiero ser**: Describe a la mujer que deseas ser en Cristo:

- ¿Cómo piensa?
- ¿Cómo ama?
- ¿Cómo se cuida?
- ¿Cómo se relaciona?
- ¿Cómo ora?
- ¿Cómo se ve a sí misma?

3. **Pregunta espiritual**: "Señor, ¿qué parte de mi adultez necesitas restaurar hoy?"

4. Oración de restauración: "Jesús, restaura mi identidad, mis emociones, mis pensamientos y mis relaciones. Hazme la mujer que Tú soñaste cuando me creaste."

5. Declaración: "Cristo está uniendo mis pedazos. Estoy siendo restaurada desde la raíz."

CAPÍTULO 6

HERRAMIENTAS PARA LA RESTAURACIÓN

La restauración necesita sostén, pero cómo sostener la sanidad que Cristo comenzó. La restauración no se sostiene sola. La sanidad interior no es un evento emocional ni una experiencia aislada. Es un camino. Un proceso. Una vida. Cristo puede sanar una herida en un instante, pero enseñarte a caminar desde esa sanidad requiere disciplina espiritual, decisiones diarias y una relación profunda con Su presencia. Muchas mujeres reciben un toque de Dios, pero vuelven a caer en los mismos patrones porque no desarrollan las herramientas que sostienen la transformación. La restauración no solo se recibe: **se cultiva**. Por eso, este capítulo no es una lista de prácticas religiosas. Es un mapa espiritual. Un conjunto de herramientas que te ayudarán a vivir desde la mujer restaurada que Cristo está formando en ti.

MI EXPERIENCIA: LA DISCIPLINA ESPIRITUAL QUE SOSTIENE LA RESTAURACIÓN

En mi propio caminar, descubrí que la restauración no se mantiene sola. La sanidad interior no es un evento aislado. La paz no es un sentimiento pasajero. La estabilidad emocional no es casualidad.

Todo esto se sostiene con una vida de búsqueda constante de la presencia de Dios.

Después de que Cristo comenzó a restaurar mi corazón, entendí que, si quería mantener mi sanidad, mi paz y la certeza de que Él cumpliría Su propósito en mí, tenía que desarrollar una disciplina espiritual profunda y continua. Aprendí que:

- la oración me alineaba
- la adoración me limpiaba
- el ayuno me afinaba
- la Palabra me afirmaba
- la obediencia me fortalecía
- el sometimiento me protegía
- la presencia de Dios me sostenía

Un día, Dios me mostró algo que transformó mi vida: **la depresión que yo experimentaba era, en realidad, ausencia de Su presencia.** No ausencia de Su amor. No ausencia de Su cuidado. Ausencia de comunión.

Me di cuenta de que los días en que me levantaba a buscarlo en la madrugada, todo fluía. Mi mente estaba clara. Mi espíritu estaba firme. Mi corazón estaba en paz. Yo misma me sentía diferente.

Sin embargo, noté que los días en que no oraba, esos días en que no tenía comunicación con Él, mi alma lo sentía. Mi espíritu lo sabía. Mi día lo reflejaba. Desde ese momento tomé una decisión irrevocable: **nunca faltar a nuestra cita de amor.**

Desde entonces, cada madrugada, a solas con Él, encuentro:

- dirección
- consuelo
- fuerza
- identidad
- paz
- propósito
- estabilidad
- amor

Aprendí a estar enamorada de mi Dios. A tener comunión con el Espíritu Santo a diario. Cada segundo. Cada minuto.

Con Él, todo. Sin Él, nada.

Él es el único que puede llenar ese vacío profundo que ninguna persona, logro o experiencia puede llenar.

Por eso, antes de presentarte las herramientas prácticas para la restauración, quiero que entiendas algo:

La presencia de Dios no es una herramienta. Es la FUENTE. Es el centro. Es la vida.

LA ORACIÓN: EL LUGAR DONDE LA IDENTIDAD SE AFIRMA

La oración no es un ritual. Es un encuentro. Es el lugar donde Dios te recuerda quién eres. Cuando oras:

- tus emociones se alinean
- tus pensamientos se ordenan
- tus heridas se exponen
- tu identidad se afirma
- tu espíritu se fortalece

La importancia de la madrugada: un encuentro con Dios en el silencio

La madrugada no es mágica. Es íntima. Es silenciosa. Es un tiempo donde el alma escucha mejor. Cuando el mundo duerme y las distracciones se apagan, el corazón se vuelve más sensible a la voz de Dios. No es la hora en sí lo que tiene poder, sino la disposición del espíritu que se levanta a buscar al Padre en secreto.

En la madrugada, la mente está más quieta, el corazón más receptivo y el espíritu más dispuesto. Es un espacio donde la presencia de Dios se percibe con mayor claridad porque el ruido interno y externo disminuye. Es allí donde muchas veces Dios revela, corrige, fortalece y renueva.

Orar y adorar en la madrugada es abrir un altar íntimo donde el alma se inclina ante Dios sin máscaras ni interrupciones. Es un acto de amor, de entrega y de reconocimiento de Su soberanía.

Cuando una mujer levanta adoración en su hogar a esas horas, está declarando que Dios es primero, que Él es su refugio y que su casa le pertenece. Esa adoración establece atmósferas espirituales de paz, claridad y protección.

El poder de orar en la madrugada

Orar en la madrugada es un acto de disciplina espiritual que fortalece la fe y la autoridad interior. No porque la hora tenga un poder especial, sino porque es un tiempo donde la búsqueda es más intencional, más profunda y más enfocada.

Levantar un altar en tu hogar durante la madrugada es abrir una puerta para que la presencia de Dios habite, gobierne y proteja sin interrupciones o distracciones. Es un acto de consagración que establece un cerco espiritual alrededor de tu vida y tu familia.

La oración constante, especialmente en tiempos de quietud, afirma tu identidad en Cristo y fortalece tu autoridad espiritual. No se trata solo de pelear con fuerzas oscuras, sino de permanecer firme en la luz, en la verdad y en la presencia de Dios. La oscuridad siempre retrocede ante la luz; esa es la naturaleza del Reino.

Cuando una mujer ora, adora y se mantiene firme en Dios, incluso quienes operan desde intenciones contrarias reconocen que hay una cobertura divina sobre su vida. No porque ella luche contra ellos, sino porque la presencia de Dios establece límites que nadie puede traspasar.

Un cerco de protección espiritual

La oración en la madrugada no es un ritual; es una relación. Es un encuentro que fortalece el espíritu, renueva la mente y protege el corazón. Es un tiempo donde Dios rodea tu hogar con paz, donde tu fe se afirma y donde tu espíritu se alinea con Su voluntad.

Cuando te levantas a buscar a Dios, no estás sola. El cielo te acompaña. La presencia de Dios te cubre. Y tu hogar se convierte en un lugar de refugio, de luz y de propósito.

LA ADORACIÓN: MUCHO MÁS QUE UNA CANCIÓN

La adoración no es solo cantar, levantar las manos o tocar un instrumento. La adoración es una postura del corazón. Es la respuesta de una vida rendida ante un Dios que ha sanado, restaurado y amado en lo más profundo. Adoras a Dios cuando:

- perdonas, aunque te duela
- obedeces, aunque no entiendas
- sirves, aunque nadie te aplauda
- eres íntegra cuando nadie te ve
- eliges la verdad, aunque la mentira parezca más fácil
- cuidas tu cuerpo, tu mente y tu espíritu como templo del Espíritu Santo

La adoración es:

- tu manera de hablar
- tu manera de tratar a los demás
- tus decisiones en lo secreto
- tu actitud en medio del proceso
- tu respuesta cuando Dios dice "espera"

Cuando una mujer herida comienza a adorar, algo se rompe en lo invisible. La adoración desplaza la queja.

Desarma el resentimiento. Desplaza el miedo. Abre espacio para la presencia de Dios. En mi propio proceso, entendí que no solo adoraba cuando cantaba en la iglesia. Adoraba cuando me levantaba de madrugada a buscarlo. Adoraba cuando elegía creerle a Él por encima de las mentiras del enemigo. Adoraba cuando decidía seguir sirviendo, aun con lágrimas en los ojos. La adoración es el lenguaje de una mujer que ha entendido que su vida entera le pertenece a Dios.

EL AYUNO: AFINANDO EL ESPÍRITU

El ayuno es una disciplina sagrada que actúa como una afinación espiritual. Así como un instrumento necesita ser ajustado para producir un sonido puro, el alma también requiere momentos de silencio, entrega y enfoque para alinearse con la voz de Dios. Cuando ayunamos, debilitamos los impulsos de la carne, pero fortalecemos la sensibilidad del espíritu. Es un acto de rendición que rompe patrones, desarma hábitos arraigados y nos libera de dependencias que nublan nuestra claridad interior.

En el ayuno, la mente se despeja y el corazón se vuelve más receptivo. Las distracciones pierden fuerza y la presencia de Dios se vuelve más tangible. Es un tiempo donde lo superficial se desvanece y lo eterno se vuelve evidente. Ayunar no es simplemente abstenerse de alimento; es abrir espacio para que Dios hable, sane, revele y transforme. Es permitir que Su luz ilumine áreas que normalmente ignoramos y que Su verdad reordene nuestras prioridades.

El ayuno nos invita a escuchar con mayor profundidad, a

discernir con mayor precisión y a caminar con mayor propósito. Es una herramienta poderosa para quienes desean crecer, sanar y avanzar en su proceso espiritual. En ese silencio voluntario, el espíritu se fortalece, la fe se afianza y la mujer interior se alinea con la voluntad de Dios.

La Comunidad: Sanar acompañada

La niña interior se hirió en relaciones. La mujer adulta se sana en relaciones. Dios, en Su sabiduría, escogió usar personas para restaurar áreas profundas del corazón. Aunque la sanidad interior es un proceso íntimo, no fue diseñada para vivirse en aislamiento. La restauración florece cuando caminamos acompañadas, sostenidas por una comunidad segura, madura y espiritual.

Sanar relaciones es una parte esencial del proceso. Muchas de nuestras heridas nacieron en vínculos rotos, palabras duras, rechazos o ausencias. Por eso, Dios también usa relaciones saludables para reconstruir lo que se quebró. A veces, ese proceso comienza con una conversación honesta, un abrazo sincero, una oración compartida o un espacio donde podemos ser escuchadas sin juicio.

Por eso es tan valioso buscar apoyo. Tu iglesia, un grupo de estudio, un ministerio de mujeres o un círculo de apoyo emocional pueden convertirse en herramientas poderosas para tu crecimiento. No tienes que caminar sola. La soledad prolonga el dolor; la compañía sana, fortalece y sostiene.

En nuestra congregación, por ejemplo, hemos comenzado un grupo de estudio basado en la guía que compartí en mi libro *El Niño Herido y el Adulto Narcisista*. Nos reunimos todos los viernes después de la oración y dedicamos una hora a estudiar, compartir y orar juntos. Ha sido una experiencia profundamente transformadora. Cada persona ha abierto su corazón para hablar de su infancia, su crianza, las marcas que quedaron y cómo esas experiencias influyeron en su vida adulta. Escuchar sus historias, ver sus lágrimas, celebrar sus avances y orar en unidad ha sido un regalo del cielo. La sanidad se acelera cuando se comparte. La carga se aligera cuando se acompaña. La restauración se profundiza cuando se ora en comunidad.

Te lo recomiendo con todo el corazón. Busca un espacio seguro donde puedas crecer, aprender y sanar junto a otras personas. No subestimes el poder de la unidad, la oración corporativa y el apoyo mutuo. Dios se mueve de manera especial cuando Su pueblo se reúne con un mismo sentir.

En este libro que te mencione del Niño Herido y el Adulto Narcisista, encontrarás un bonus muy valioso: una **guía de 30 días de sanidad emocional** y una **guía de estudio de 4 semanas**. Puedes usarlas de manera personal o en grupo. Ambas herramientas están diseñadas para ayudarte a profundizar en tu proceso, reflexionar con intención y avanzar hacia una sanidad más completa.

Sanar acompañada no solo es más fácil; es más hermoso. Porque mientras Dios restaura tu corazón, también te conecta con personas que caminarán contigo hacia la libertad, la identidad y la plenitud que Él preparó para ti.

LA TERAPIA CRISTIANA: INTEGRANDO FE Y SALUD EMOCIONAL

La terapia no reemplaza a Cristo. Cristo es el Sanador. La terapia es simplemente una lámpara que ilumina el camino mientras Él hace la obra profunda.

No estoy en contra de que una mujer visite a un

psicólogo. Al contrario, puede ser una herramienta valiosa. Pero es importante asegurarte de que sea alguien que sirva a Dios en espíritu y verdad. Hay áreas del alma que la ciencia puede acompañar, pero hay heridas que solo pueden ser tratadas desde lo espiritual. Por eso, un psicólogo o consejero que conoce a Dios puede guiarte no solo desde el conocimiento clínico, sino también desde la sabiduría del cielo.

En mi caso personal, Dios mismo se convirtió en mi Consejero. Él fue quien me llevó paso a paso, quien me confrontó, me sanó y me restauró a través del Espíritu Santo. Y no me arrepiento de haber pasado por ese proceso directamente con Él.

Pero esto no significa que tú no puedas buscar ayuda humana. Todo lo contrario: si no sabes cómo comenzar tu proceso sola, si te sientes perdida o confundida, **busca ayuda profesional**. No lo pienses dos veces. La sanidad es demasiado importante como para postergarla.

Solo te aconsejo algo: **elige consejeros o psicólogos cristianos**, personas que integren la ciencia con la Palabra, que entiendan que tu necesidad no es solo emocional o mental, sino también espiritual. Profesionales que puedan acompañarte con herramientas clínicas, pero también con discernimiento, oración y dirección del Espíritu Santo.

Porque la verdadera restauración ocurre cuando la ciencia y la fe caminan juntas... y Cristo sigue siendo el centro.

LA PALABRA: REPROGRAMANDO LA MENTE

La Biblia redefine tu identidad, renueva tu mente y rompe las mentiras que te ataban. La Palabra no solo informa: **transforma**. Y lo hace desde adentro, cambiando la manera en que piensas, sientes y decides.

Como dice la Escritura:

"**Transformaos por medio de la renovación de vuestro entendimiento.**" — *Romanos 12:2*

La renovación de la mente no es opcional para una mujer que desea ser restaurada. Es el proceso por el cual Dios:

- desmantela pensamientos viejos
- derriba mentiras aprendidas en la infancia
- rompe patrones heredados
- y establece Su verdad como fundamento

RUTINAS ESPIRITUALES PARA EL DÍA A DÍA

La restauración se sostiene con hábitos, no con emociones. La constancia crea estabilidad. La estabilidad crea madurez.

ADVERTENCIAS: LO QUE PUEDE SABOTEAR TU RESTAURACIÓN

- volver a viejos patrones
- relaciones que drenan

- falta de límites
- descuidar la vida espiritual
- ignorar señales del alma

La restauración no es una carrera. Es un camino de amor, paciencia y entrega. Con estas herramientas, estás lista para entrar al próximo capítulo: **La Mujer Restaurada.**

CAPÍTULO 7

LA MUJER RESTAURADA: CÓMO VIVIR DESDE LA SANIDAD

La mujer restaurada no es perfecta. No es una mujer que nunca siente, nunca duda o nunca tropieza. La mujer restaurada es aquella que **ya no vive desde la herida**, sino desde la verdad. Es aquella que aprendió a escuchar la voz de Dios por encima de la voz del pasado. Es aquella que ya no reacciona desde el trauma, sino que responde desde la identidad. La mujer restaurada no es la que nunca fue quebrada. Es la que permitió que Cristo la volviera a armar con Sus manos. Porque cuando Cristo restaura, Él no devuelve a la mujer a su versión anterior. Él la hace nueva. Más fuerte. Más sabia. Más sensible. Más firme. Más llena de propósito. La mujer restaurada es un testimonio viviente de que **la gracia de Dios es más grande que cualquier herida.**

La mujer restaurada es aquella que toma la decisión consciente y valiente de dejar atrás a la niña herida —no para negarla, sino para liberarse de ella— y abrazar plenamente a la mujer que Dios diseñó desde el principio. Es la mujer que retoma su verdadera identidad en Cristo, que deja de vivir desde la herida y comienza a vivir desde la plenitud, la madurez y la verdad que el Espíritu Santo ha formado en ella.

1. La mujer restaurada piensa diferente

La mente de la mujer restaurada ya no es un campo de batalla constante. Ahora es un terreno fértil donde Dios siembra:

- pensamientos de paz
- pensamientos de propósito
- pensamientos de identidad
- pensamientos de esperanza

La mujer restaurada ya no se define por:

- lo que vivió
- lo que perdió
- lo que otros dijeron
- lo que el enemigo susurró

Ahora se define por lo que Dios dice de ella. La mujer restaurada piensa con claridad porque su mente fue renovada por la Palabra. Ya no se habla con dureza. Ya no se castiga. Ya no se sabotea. Ahora se mira con compasión. Se trata con amor. Se honra a sí misma porque sabe que es hija del Rey.

2. La mujer restaurada ama diferente

- La mujer herida ama desde el miedo.
- La mujer restaurada ama desde la libertad.
- La mujer herida ama para no perder.
- La mujer restaurada ama porque ya no teme quedarse sola.
- La mujer herida ama desde la carencia.
- La mujer restaurada ama desde la plenitud.

La mujer restaurada:

- pone límites sin culpa
- se entrega sin perderse
- ama sin mendigar
- perdona sin encadenarse
- sirve sin agotarse
- se relaciona desde la verdad, no desde la necesidad

Su amor ya no nace de la herida, sino del Espíritu.

3. La mujer restaurada se cuida diferente

El autocuidado no es egoísmo. Es responsabilidad espiritual.

La mujer restaurada entiende que:

- su cuerpo es templo
- su mente es jardín
- su alma es territorio santo

- su espíritu es morada de Dios

Por eso:

- descansa
- se alimenta bien
- se da permiso de pausar
- se escucha
- se honra
- se trata con ternura

La mujer restaurada ya no se abandona. Ya no se descuida. Ya no se sacrifica hasta romperse. Ahora se cuida porque entiende que su bienestar glorifica a Dios.

4. La mujer restaurada sirve diferente

El servicio ya no nace de la necesidad de aprobación. Nace del amor. La mujer restaurada no sirve para llenar un vacío. Sirve porque está llena. No sirve para ser vista. Sirve porque ya fue escogida. No sirve para demostrar. Sirve porque fue llamada. La mujer restaurada entiende que su servicio no es una carga, sino un honor. Y que su liderazgo no es un título, sino una asignación divina.

5. La mujer restaurada lidera diferente

La mujer restaurada lidera desde:

- la humildad

- la madurez
- la sabiduría
- la compasión
- la firmeza
- la identidad

Ya no lidera desde la inseguridad. Ya no lidera desde la comparación. Ya no lidera desde el temor. Lidera desde la convicción de que Dios la llamó, la preparó y la envió. Su liderazgo no es perfecto, pero es auténtico. No es ruidoso, pero es firme. No es dominante, pero es influyente. La mujer restaurada lidera con el corazón de Cristo.

6. La mujer restaurada vive en plenitud

La plenitud no es ausencia de problemas. Es presencia de Dios. La mujer restaurada:

- tiene paz en medio del proceso
- tiene gozo en medio de la espera
- tiene esperanza en medio de la incertidumbre
- tiene fe en medio de lo imposible

La plenitud no es un destino. Es un estilo de vida. Es caminar sabiendo que Dios está en cada paso, en cada detalle, en cada temporada.

La mujer restaurada deja un legado

La mujer restaurada no solo sana para sí misma. Sana

para las generaciones que vienen detrás.

Su vida se convierte en:

- un faro
- un testimonio
- una guía
- una inspiración
- una puerta abierta para otras mujeres

La mujer restaurada no guarda su historia. La comparte. La multiplica. La convierte en medicina para otras. Porque lo que Dios hace en una mujer, nunca es solo para ella. Es para su familia, su comunidad, su iglesia, su generación. La mujer restaurada no es la que nunca fue quebrada. Es la que permitió que Cristo la volviera a armar con amor, paciencia y propósito. Y ahora que has visto cómo se vive desde la sanidad, estás lista para el último paso: **convertir tu historia en un legado de sanación para otras mujeres.**

CONCLUSIÓN

EL VIAJE DE LA HERIDA A LA PLENITUD

L legar hasta aquí no ha sido un recorrido lineal. Ha sido un viaje profundo, honesto y valiente. Un viaje que comenzó con una niña interior herida, continuó con una adulta fragmentada y culmina con una mujer que ha sido encontrada, confrontada, levantada y restaurada por Cristo. Este proceso no ha sido sencillo, pero sí ha sido sagrado. Cada paso, cada lágrima, cada revelación y cada avance han sido parte de un diseño divino que te ha traído hasta este momento.

Este libro no pretende negar el dolor, minimizar la herida ni romantizar el sufrimiento. Al contrario: reconoce que la herida fue real, que el dolor fue profundo y que las marcas fueron verdaderas. Pero también proclama una verdad aún más grande:

Cristo es más fuerte que cualquier herida.
Cristo es más profundo que cualquier trauma.
Cristo es más fiel que cualquier abandono.

A lo largo de estas páginas, caminaste por:
- la raíz de tu dolor

- la voz de tu niña interior
- el encuentro con Cristo
- la fragmentación de la adulta
- la restauración de tu identidad
- las herramientas que sostienen tu sanidad
- y la revelación de la mujer restaurada que estás llamada a ser

Este recorrido no solo te mostró lo que te hirió, sino también lo que te sostiene. No solo te reveló tu fragilidad, sino también tu fortaleza. No solo te llevó a mirar tu pasado, sino a abrazar tu futuro.

Sin embargo, es importante que entiendas algo esencial: **no puedes seguir justificando tus reacciones, decisiones o patrones desde la niña herida.** Esa etapa fue parte de tu historia, pero no puede seguir siendo tu identidad. La niña interior merece ser escuchada, sanada y honrada… pero no puede seguir dirigiendo tu vida.

La restauración no es un punto final. Es un estilo de vida. Una forma de caminar. Una manera de existir. Es elegir cada día la verdad por encima de la mentira, la fe por encima del miedo, la identidad por encima de la herida.

La mujer restaurada no es la que nunca vuelve a sentir dolor. Es la que ya no permite que el dolor gobierne su vida. Es la que aprendió a correr a los brazos de Cristo antes que a los brazos del miedo. Es la que eligió la verdad por encima de la herida. Es la que decidió dejar atrás la infancia emocional y vivir desde la plenitud, no desde la carencia.

La mujer restaurada es aquella que deja de vivir desde la niña herida y abraza la identidad que Cristo le dio: **madura, completa, libre y firme.** Una mujer que ya no reacciona desde el pasado, sino que responde desde la gracia. Una mujer que ya no se esconde, sino que se levanta. Una mujer que ya no sobrevive, sino que vive.

Si algo quiero que guardes en tu corazón es esto:
Tu historia no te define.
Tu pasado no te limita.
Tu herida no te encierra.
Cristo te libera, te renueva y te hace nueva.

Este libro termina, pero tu proceso continúa. Y ahora caminas con herramientas, con claridad, con identidad... y con Cristo. Lo que viene es hermoso. Lo que viene es profundo. Lo que viene es tuyo. Y con esta certeza, avanzamos al último paso: **convertir tu restauración en un legado para otras mujeres.** Porque una mujer restaurada no se queda con su sanidad; la comparte, la multiplica y la convierte en luz para otras.

ORACIÓN FINAL PARA LAS LECTORAS

> *Padre amado, te presento a cada mujer que ha leído estas páginas. Tú conoces su historia, sus heridas, sus silencios y sus batallas. Tú conoces la niña interior que aún necesita ser confrontada y la mujer adulta que anhela ser restaurada.*
>
> *Te pido que la cubras con tu amor, que la llenes con tu paz y que la afirmes con tu verdad. Sana sus memorias. Restaura su identidad. Renueva su mente. Fortalece su espíritu. Y llénala de propósito.*

Que cada lágrima se convierta en semilla. Que cada herida se convierta en testimonio. Que cada proceso se convierta en victoria.

Declaro sobre su vida: que es amada, que es escogida, que es completa, que es libre, que es tuya.

Y que, a partir de hoy, caminará como la mujer restaurada que Tú soñaste cuando la creaste.

En el nombre de Jesús, amén.

EPÍLOGO
UN LEGADO DE SANACIÓN

Cuando comencé este camino, no imaginaba que Dios usaría mis heridas como semillas. Semillas que, al caer en Sus manos, no murieron... sino que florecieron. Cada capítulo de este libro es evidencia de que lo que una vez me rompió, hoy me sostiene; que lo que una vez me hirió, hoy me impulsa; que lo que una vez me silenció, hoy me da voz.

Así trabaja Dios: transforma dolor en propósito, lágrimas en revelación, y grietas en caminos por donde Su gloria puede entrar.

Este libro no es solo mi historia. Es la historia de muchas mujeres que, como yo, caminaron con la niña interior herida, con la adulta fragmentada y con la identidad confundida... hasta que Cristo las confrontó, las levantó y las encontró en el camino.

Y si algo deseo que quede grabado en tu corazón es esto:

Tu historia no termina en la herida. Tu historia comienza en la restauración.

La niña interior que lloró, la adulta que sobrevivió y la mujer que hoy se levanta... todas forman parte del milagro que Dios está escribiendo en ti. Pero recuerda: **no fuiste llamada a quedarte en la niña herida, sino a convertirte en la mujer restaurada.**

UN LEGADO QUE TRASCIENDE TU VIDA

La sanidad que recibes no es solo para ti. Es para tus hijas. Para tus nietas. Para tus amigas. Para las mujeres que Dios pondrá en tu camino. Para generaciones que quizás nunca conocerás, pero que serán impactadas por tu obediencia.

Cada vez que eliges sanar, rompes un ciclo. Cada vez que eliges confrontar tu pasado, cierras una puerta al enemigo. Cada vez que eliges creerle a Dios, abres un camino para otras.

Tu restauración es un legado. Un legado silencioso, profundo, eterno.

TU VOZ IMPORTA

Quizás por años te dijeron que callaras. Que no hablaras. Que no dijeras nada. Que lo que viviste no importaba.

Pero Dios dice lo contrario.

Tu voz es medicina. Tu historia es un puente. Tu proceso es una lámpara. Tu testimonio es una llave que abrirá corazones cerrados.

No escondas lo que Dios sanó. No minimices lo que Dios restauró. No te avergüences de lo que Dios transformó.

Lo que fue tu dolor, ahora es tu autoridad.

UNA INVITACIÓN FINAL

Antes de cerrar este libro, quiero dejarte una invitación que nace desde lo más profundo de mi espíritu:

> **Comparte tu historia. No la guardes.**
> **No la entierres. No la escondas.**

Hay una mujer esperando escuchar lo que Dios hizo contigo. Hay una niña interior en otra vida que necesita ser confrontada y liberada. Hay una adulta fragmentada que necesita ver que sí es posible volver a ser completa.

> **Tu historia será el milagro de alguien más.**
> **Y ahora... camina**

Camina con la frente en alto. Camina con el corazón libre. Camina con la identidad firme. Camina no desde la niña herida, sino desde la mujer restaurada. Camina con Cristo a tu lado.

Porque si algo puedo decir con certeza es esto:

> **Una vez estuviste rota...**
> **Pero ahora estás completa otra vez.**

Y tu vida, desde hoy, es un legado de sanación.

ACERCA DE LA AUTORA

EDNA L. ISAAC

Nació en Aguadilla, Puerto Rico, y a los 16 años emigró a los Estados Unidos, donde se estableció en Massachusetts. Está casada desde hace 34 años con Francisco J. Isaac, con quien comparte una vida de fe, liderazgo y servicio. Juntos son padres de cuatro hijos que representan su mayor legado.

Edna es una figura multifacética: agente de cambio profesional, autora, editora, educadora, consejera y oradora internacional. Su trayectoria se distingue por una profunda pasión por sanar, enseñar, restaurar y transformar vidas. Es CEO y Presidenta de **JDN Corporation** y **JDN Publications / EDUCATE Publishing**, organizaciones con sede en Taunton, MA, cuyo impacto se extiende a nivel nacional e internacional.

Como líder espiritual, Edna es fundadora y pastora asociada de **Casa de Adoración (CDA House of Worship)** en Taunton, MA, donde sirve junto a su esposo, el Pastor Francisco J. Isaac. Su visión pastoral se refleja también en los ministerios y organizaciones que ha fundado, entre ellos: **Radio WHUC 95.6 FM** (en desarrollo), **Entre Amigas Internacional, Association of Christian Churches and Ministries Inc.**, y **JDN Global Leadership Network**.

Su influencia se extiende a los ámbitos comunitario y académico. Presidió durante siete años la Asociación de Clérigos de Taunton, MA, y áreas limítrofes. Además, fue profesora durante más de una década en dos instituciones teológicas: la **ETME, Escuela Teológica Ministerial Elías**, en Boston, MA, y el **Instituto Bíblico Getsemaní** de las Asambleas de Dios en New Bedford, MA.

Actualmente se desempeña como **Senior Counselor** en Massachusetts, donde acompaña a individuos en procesos de cambio, sanidad emocional y reintegración. Su labor combina excelencia profesional, sensibilidad humana y una profunda convicción espiritual.

Como autora, Edna ha publicado más de catorce obras y ha participado como coautora en múltiples proyectos. Su voz se ha convertido en una referencia en temas de sanidad emocional, identidad espiritual, trauma, resiliencia y crecimiento personal. Su publicación más reciente antes de este libro, **El Niño Herido y el Adulto Narcisista (2026)**, donde Edna entrelaza su experiencia pastoral, su formación educativa y su profundo entendimiento del trauma emocional para guiar al lector hacia una comprensión clara de sus heridas, sus defensas y su verdadera identidad en Cristo. Su estilo es cercano, honesto y profundamente humano, invitando a cada lector a un viaje de autodescubrimiento, libertad y redención.

Edna también es diseñadora de currículos educativos y programas de desarrollo emocional para escuelas y comunidades, con un enfoque especial en poblaciones vulnerables y contextos multiculturales. Su visión es clara: **equipar a las nuevas generaciones con herramientas que transformen no solo su conducta, sino su corazón.**

Es autora del libro *Aprendiendo a Volar Sobre la Tormenta* (2010), donde comparte su propio proceso de sanidad y la revelación que transformó su relación con Dios. Su testimonio de perdón hacia su padre terrenal y la restauración de su identidad como hija del Padre Celestial se ha convertido en un pilar de su mensaje y una fuente de esperanza para muchos.

Edna reside en Taunton, Massachusetts, desde donde continúa desarrollando proyectos editoriales, impartiendo talleres, formando líderes y sirviendo a comunidades locales e internacionales con un mensaje de esperanza, identidad y transformación.

Para más información, puede encontrarla en sus

plataformas digitales o visitar: **www.jdnpublications.com** **www.jdncorporation.com** o escribir al email: jdncpublications@gmail.com

REFERENCIAS

Isaac, E. L. (2012). *Aprendiendo a volar sobre la tormenta.* JDN Publications.

Isaac, E. L. (2026). *El Niño Herido y el Adulto Narcisista,* JDN Publications

Santa Biblia. (1960). *Reina-Valera 1960.* Sociedades Bíblicas Unidas.

www.ingramcontent.com/pod-product-compliance
Lightning Source LLC
Chambersburg PA
CBHW040250090526
44586CB00040B/2707